NOTE EXPLICATIVE

PAR

MM. de SAINT-PRIEST

au sujet du procès dont ils sont menacés par le parquet de Tournon

SUR LA POSSESSION DE LEUR NOM

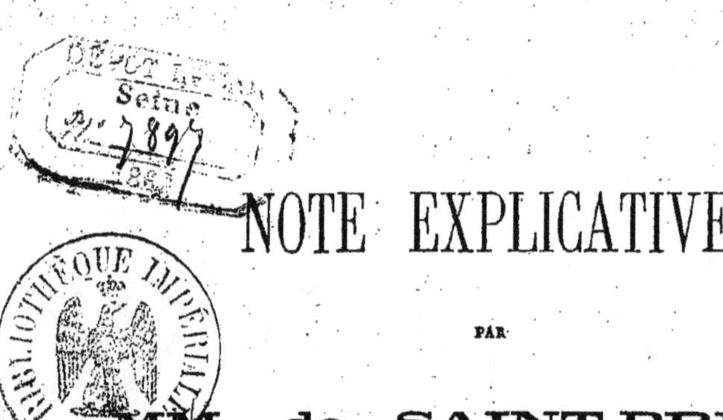

I.

Objet des poursuites.

On prétend que nous portons un nom usurpé; que le nom de Saint-Priest, que nous a transmis notre père, n'appartenait point à notre père, et que, par conséquent, il n'avait pas le droit de le transmettre à ses fils. Ce n'est donc pas à nous, en réalité, que l'on fait un procès, c'est à un vieux chevalier de Saint-Louis, mort depuis près d'un demi-siècle, entouré de l'estime publique. Pour nous, on le reconnaît, nous n'avons point usurpé ce nom que l'on voudrait pourtant nous enlever; il nous est assigné par les actes de l'état civil; nous avons dû le prendre dans tous les actes publics, car nous y étions étroitement obligés par la loi, qui défend de modifier son nom par voie d'addition ou de suppression arbitraire.

Ce que la loi nous a ordonné depuis plus de soixante ans, ce qu'elle a ordonné à notre sœur aînée, depuis soixante-dix ans, le Parquet de Tournon voudrait nous l'interdire aujourd'hui, et, ce qu'il y a d'étrange, il va être contraint, en vertu de la loi, de nous assigner sous le nom de Saint-Priest, pour nous dire que ce nom n'est pas véritablement le nôtre, en dépit du Code pénal qui nous ordonne de le prendre, et du Code de procédure qui l'oblige à nous le donner.

Le parquet poursuit donc en nous une usurpation dont il sait parfaitement que nous sommes innocent, puisqu'elle est **antérieure à** notre naissance, et remonte à plus de cent ans.

Le tribunal de Tournon ne s'abusera pas sur la portée du jugement qu'on lui demande : on voudrait lui faire constater un prétendu délit dont l'auteur, en supposant que le délit existe, a comparu depuis près de cinquante ans devant le juge suprême.

On voudrait, contrairement à tous les principes du droit et à toutes les bienséances humaines, que le tribunal jugeât et condamnât un mort, car il faudra, directement ou indirectement, juger et condamner ce mort pour nous atteindre, puisqu'il faudra prouver qu'il s'est donné à lui-même un nom qui ne lui appartenait pas. On nous recherche comme détenteurs de ce bien qu'il aurait usurpé, et comme bénéficiers irréprochables d'un délit que nous n'aurions pu connaître. On nous mande à la barre pour entendre accuser notre père de ce délit, oubliant que s'il vivait, il aurait, pour se justifier, des moyens qui peuvent nous manquer à nous-mêmes. Incriminer un absent, flétrir une tombe, voilà, en premier lieu, ce que le parquet veut demander au tribunal.

A notre égard, le jugement qu'il sollicite n'aurait d'autre effet que de nous obliger à quitter un nom sous lequel nous sommes connus en France et à l'étranger, pour en prendre un autre, très-ancien et très-honorable aussi, mais sous lequel personne ne nous a jamais connus, même dans notre village.

Ce jugement, sans porter la moindre atteinte à notre honneur personnel, comme à la considération qui nous est acquise et nous est due, n'en serait pas moins préjudiciable à nos intérêts et même à ceux des tiers, en nous ôtant le nom que la loi même nous avait contraint de porter, et qui constitue, depuis plus de soixante ans, notre notoriété civile.

C'est au tribunal d'examiner si, dans l'état des choses, le parquet comprend bien sa mission, et si ce serait sainement interpréter la loi qui régit l'état des personnes et la propriété des noms, que d'en faire sortir, sans utilité aucune pour l'État et pour âme qui vive, des conséquences désastreuses pour un grand nombre de familles.

Quant à nous, notre premier soin et notre premier devoir est de justifier notre père de l'accusation tardive et mal fondée dont on veut charger sa mémoire. Nous prouverons jusqu'à la dernière évidence que notre père n'a point pris arbitrairement le nom de Saint-Priest ; que ce nom lui a été imposé par sa mère et par son aïeul, dont la famille le possédait depuis plusieurs siècles ; qu'il l'a porté publiquement, sans contestation aucune, pendant plus de soixante ans, et qu'il nous l'a légitimement transmis, comme on le lui avait transmis à lui-même, en vertu du droit naturel, consacré par le temps et par la loi.

Le coupable dans cette affaire, s'il pouvait y en avoir un, ce ne serait pas notre père, ce serait notre bisaïeul, Charles de Saint-Priest, qui, pour perpétuer son nom, l'imposa à son petit-fils encore enfant, en se conformant (sans aucun doute pour nous, bien qu'un siècle écoulé et la révolution de 89 en aient fait disparaître la preuve directe), en se conformant, disons-nous, aux lois en usage. Eût-il négligé cette précaution, ce qui n'est pas supposable, nous prouverons, du moins, par des documents incontestables, que son intention et sa volonté persévérante a été de transmettre ce nom à son petit-fils, que la transmission a été effectuée de son vivant, et reconnue bonne et valable, dans des circonstances solennelles, par le roi et ses ministres, par les notaires et officiers publics, et par l'assemblée de la noblesse de sa province.

Cet ensemble de circonstances, que nous allons établir, met hors de doute la bonne foi de notre père. Il n'a rien usurpé ; il a hérité du nom de son aïeul ; il est entré dans cet héritage du vivant de son aïeul, par la volonté de son aïeul. En mettant les choses au pis, c'est-à-dire en supposant que Charles de Saint-Priest, notre bisaïeul, a négligé quelqu'une des formalités nécessaires à la régularisation de ses volontés paternelles, il n'en est pas moins vrai que toute idée d'usurpation disparaît pour faire place à une simple contravention aux formes prescrites pour régulariser les substitutions, et quel'auteur de cette contravention, très-innocente et très-désintéressée, si elle existe, n'est autre que notre bisaïeul, qui fut contemporain de Louis XIV.

Voilà donc, en définitive, le véritable objet du procès ; c'est de réagir, non pas contre un délit, mais contre une contravention qu'on suppose avoir été commise par notre bisaïeul qui voulant, chose bien légitime, léguer son nom aux enfants de sa fille unique, aurait cru à tort pouvoir se passer de l'autorisation royale ! Voilà le coupable à qui le parquet de Tournon veut donner une leçon, aux dépens de sa troisième génération. C'est un procès rétroactif qui, pour une question douteuse et de pure forme, va, sans autre motif, troubler le repos des morts et les intérêts non moins sacrés des vivants. Rien n'est plus facile à démontrer.

II.

Un mot sur Charles de Saint-Priest, notre bisaïeul,
auteur de la contravention présumée.

Charles de Saint-Priest, de la branche de la Foulhouse, né en 1695, descendait de l'ancienne et illustre famille de Saint-Priest qui posséda, pendant cinq siècles, la seigneurie de la ville de Saint-Étienne et celle de la ville de Saint-Chamond, et à laquelle appartenaient deux des quatre grandes baronnies du Forez. En 1592, Henri IV érigea la terre de Saint-Priest en marquisat pour récompenser les services d'Aymar, baron de Saint-Priest. La terre et le château n'existent plus, le titre seul est resté.

La branche de la Foulhouse, établie en Vivarais depuis plus de deux cents ans, provenait en ligne directe de la branche aînée dont seule aujourd'hui elle représente les droits. Elle a fourni quantité d'officiers aux armées; mais elle était et resta longtemps dans une honorable pauvreté. Charles de Saint-Priest, l'aîné de sa famille, pensionné dès sa jeunesse pour cause de blessures, fut nommé commandant pour le roi à Sarras, Châteaubourg, etc., et ne quitta ce poste qu'en 1779, à 84 ans.

Il s'était marié en 1727, et il n'eut de ce mariage qu'une fille, son unique héritière, Marie-Catherine de Saint-Priest la Foulhouse, notre grand-mère. Il la maria, en 1754, à Charles-Robert du Molard de Chateauneuf, écuyer, capitaine au régiment d'infanterie de Bourbon.

De ce mariage sont issus quatre enfants. L'aîné des quatre fut baptisé sous le nom de Jacques-Robert du Molard de Chateauneuf; mais il reçut dans sa famille et porta, dès son enfance, le nom de Saint-Priest, il y a de cela 107 ans. Comme il reste aujourd'hui à Tournon et à Annonay plus d'un octogénaire qui l'a connu personnellement avant la révolution, une enquête prouverait, au besoin, la parfaite exactitude de cette allégation. Nous en fournirons tout à l'heure d'autres preuves non moins concluantes.

Mais nous devons rechercher d'abord si notre grand-mère, Catherine de Saint-Priest, et notre bisaïeul, Charles de Saint-Priest, avaient le droit d'imposer leur nom à cet enfant qui leur appartenait.

III.

De l'imposition et de la transmission des noms sous l'ancien régime.

Quelle était alors la législation en cette matière?

L'ordonnance d'Amboise du 26 mars 1555 défendait, sous des peines sévères, de changer de nom, sans y avoir été autorisé par lettres patentes. Mais d'innombrables témoignages attestent que cette ordonnance était tombée en désuétude bien avant le dix-huitième siècle. Elle était tombée en désuétude, parce qu'elle contrariait les habitudes de la noblesse. Dans les familles nobles, en effet, il arrivait souvent que chaque enfant portait un nom distinct du nom patronymique, abandonné à l'aîné. Outre les noms de fiefs qu'on donnait aux puînés, ceux-ci, en se mariant, y ajoutaient quelquefois celui d'une terre dotale, et si l'un d'eux recueillait de sa mère ou d'un parent l'héritage d'une maison éteinte, il relevait le nom de cette maison. L'histoire de chaque province en fournit des exemples dans tous les rangs de la noblesse, au seizième et au dix-septième siècle, comme au dix-huitième, et elle ne parle jamais des lettres patentes. Ces sortes de substitutions de nom étaient de droit féodal et de droit coutumier. Elles avaient lieu par testament, par donation entre-vifs, par acte notarié, par acte verbal devant témoins, sans autre consécration que la tolérance des juges, le temps et la notoriété publique.

Il faut donc bien distinguer l'ordonnance d'Amboise, relative aux changements de nom, et qui fut toujours mal observée, même par la noblesse de robe, de l'ordonnance d'Orléans de 1560, qui punit l'usurpation des titres et des droits nobiliaires. Cette ordonnance d'Orléans et tous les édits qui s'y rapportent, avaient été rendus, non pas précisément contre les faux noms, c'est-à-dire contre les noms féodaux plus ou moins régulièrement possédés, mais contre les faux nobles, c'est-à-dire contre ceux qui, à la faveur d'un titre ou d'un nom usurpé, prétendaient jouir des immunités et prérogatives de la noblesse.

On n'eût pas poursuivi un gentilhomme portant sans autorisation le nom de sa mère ou de son aïeul maternel; mais on poursuivait quelquefois les roturiers qui, en s'arrogeant un titre ou un nom noble, tentaient d'échapper par là aux lois fiscales. Nous disons *quelquefois*, car on ne forçait pas toujours à changer de nom les gens qu'on mettait à la taille, surtout quand ils étaient depuis longtemps connus sous le nom de terre qu'ils avaient pris ou ajouté au leur.

Quant à la facilité avec laquelle on s'attribuait à soi-même un nom nouveau, sans autorisation royale, et sans encourir, néanmoins, de ce chef, aucune poursuite, il en est des exemples tellement nombreux, tellement connus et tellement illustres, qu'on ne saurait trop s'étonner d'avoir à débattre une pareille thèse.

Le parquet peut-il nous dire pourquoi les frères Bonnot, de Grenoble, s'appelaient l'un l'abbé de Mably, l'autre, l'abbé de Condillac? Le parquet peut-il nous dire où M. Moreau, de Saint-Malô, avait pris le nom de Maupertuis? Où M. Jolyot, fils d'un greffier de Dijon, avait pris le nom de Crébillon? Où M. Arouet, « le petit Arouet, fils de mon notaire », comme dit Saint-Simon, avait pris le nom de Voltaire? Où M. Caron, fils d'un horloger et maître de guitare, avait pris le nom de Beaumarchais? Le parquet a-t-il vu les lettres patentes de Louis XV confirmant ces nouveaux noms à ces célèbres personnages? A-t-il entendu parler des poursuites dirigées contre eux à raison de ces usurpations véritables? Et si, par hasard, Moreau, Jolyot, Arouet et Caron, avaient des descendants légitimes dans l'arrondissement de Tournon, le parquet leur contesterait-il le droit de s'appeler Maupertuis, Crébillon, Voltaire et Beaumarchais? Le bons sens dit que non. C'est assez de poser ces questions pour les résoudre.

Du reste, si le parquet l'exigeait, nous sommes en mesure de lui prouver que ces mutations ou additions de nom, sans autorisation royale, étaient chose commune dans la magistrature, et que des noms par elles usurpés, il y a moins de cent ans, décorent encore à présent de très- illustres familles, sans que jamais aucun parquet ait songé à le leur disputer.

Mais nous en avons dit assez pour faire connaître le véritable esprit de la législation et les habitudes du xviiie siècle.

IV.

Conséquence à tirer de ce qui précède.

Appliquons ces règles à ce qui s'est passé dans notre famille.

Lorsqu'en 1754 Charles de Saint-Priest maria sa fille unique, il fit stipuler dans le contrat qu'elle apportait ses *noms, voyes* et *droits* à son mari, *Charles de Chateauneuf, dit le chevalier du Molard*, lequel figure sous ces noms dans une généalogie certifiée par d'Hozier, et extraite du viie registre de la noblesse de France, tome xi. Cette généalogie établit que le père de Charles de Chateauneuf fut envoyé aux États du Languedoc et qu'il remplit diverses charges *avec beaucoup de distinction, d'utilité pour le roi, et d'avantage pour le pays;* que son grand-père, Ange-Robert du Molard de Chateauneuf, s'acquit une légitime célébrité par d'éclatants services qui, de 1699 à 1723, lui valurent, de Louis XIV et de Louis XV, quatre pensions successives s'élevant à 1,700 livres, ce qui représentait, à cette époque, plus de 12,000 francs de notre monnaie; que son grand-oncle, André de Chateauneuf, lieutenant-colonel, et que son propre frère, tous deux chevaliers de Saint-Louis et tous deux pensionnés, étaient très-honorablement connus dans l'armée. Le dernier, qui s'est trouvé *à cinq batailles rangées, à onze siéges et à quelques actions particulières, a été blessé deux fois, dangereusement.* Enfin, Charles de Chateauneuf était lui-même capitaine au régiment de Bourbon à l'âge de vingt et un ans.

La grande notoriété acquise à la famille de Chateauneuf, depuis plusieurs générations, explique pourquoi le mari de Catherine de Saint-Priest, malgré les stipulations de son contrat de mariage, ne voulut pas quitter un nom illustré par ses aïeux pour porter un autre nom qui était moins connu en Vivarais. Ce fut sans doute aussi ce qui le détermina à n'inscrire que le nom de Chateauneuf dans l'acte de baptême de son fils.

En voyant son gendre oublier ses engagements, Charles de Saint-Priest prit ses dispositions pour qu'à l'avenir sa volonté paternelle ne fût plus méconnue. A cet effet, il se chargea du petit-fils qu'il destinait à continuer sa lignée; il pourvut à son éducation, et, lorsqu'il le fit entrer au service, il lui affecta son traitement de réforme, comme on le verra bientôt. Mais, avant tout, il lui substitua régulièrement son nom, afin qu'il ne lui fût pas permis de le quitter pour revenir, comme son père, à celui de Chateauneuf.

Quelle était la cause de cette volonté si persévérante de notre bisaïeul? Pourquoi Charles de Saint-Priest a-t-il imposé son nom à notre père? Est-ce pour donner, un jour, à cet enfant et à ses descendants une fausse apparence de noblesse? est-ce pour lui *attribuer une distinction honorifique* à laquelle sa naissance ne lui donnait pas *droit,* pour employer ici les termes de la loi de 1858? est-ce pour le soustraire au droit commun, en le faisant entrer subrepticement dans une classe privilégiée? Nullement.

On vient de le voir, notre père descendait d'une famille noble et ancienne, très-connue dans le Languedoc, depuis plusieurs générations, sous le nom de Chateauneuf. Il n'avait donc pas besoin de changer de nom pour jouir de tous les droits et priviléges attachés alors à la noblesse.

Par conséquent, notre bisaïeul en lui donnant son nom n'était mû par aucune intention délictueuse, ou basse, ou puérilement vaniteuse. Il obéissait, au contraire, à un sentiment moral, élevé, respectable : de l'illustre famille de laquelle il descendait en ligne directe et légitime, il n'avait gardé que le nom et les armes, et, à défaut d'autres richesses, il désirait transmettre à son petit-fils cette part précieuse encore d'un héritage que le temps avait détruit. Comme cela était conforme au droit féodal et aux vieilles habitudes de la noblesse, personne n'y contredit.

Notre bisaïeul avait pourtant un cousin paternel ; seul au monde, ce parent aurait pu avoir quelque intérêt à empêcher cette addition du nom de Saint-Priest au nom de Chateauneuf. Loin de s'y opposer, il reconnut, et sa postérité après lui a reconnu notre père comme le représentant de la branche aînée et le chef de la famille de Saint-Priest.

Si le parquet de 1862 veut rechercher des actes de 1760, il est obligé de tenir compte de la différence des temps ; il doit s'initier à l'ancienne jurisprudence, et se rappeler la puissance des coutumes, égale à celle des lois et aussi respectée. Il ne lui est pas permis de soupçonner à la légère la vigilance des anciens magistrats, et d'attaquer, sans preuve, comme illégaux, des faits qu'ils ont apparemment trouvés légaux, puisqu'ils ne s'en sont point émus. S'il croit qu'il fallait jadis justifier de lettres patentes pour opérer une substitution de nom, nous sommes fondés à soutenir que ces lettres ont été obtenues, puisque la substitution a été consommée sans trouble et qu'elle fut publiquement et universellement reconnue, comme nous allons le démontrer.

V.

Actes servant à établir que notre père était,
avant 1789, en possession publique et paisible du nom de Saint-Priest.

Notre père entra, le 15 mars 1773, dans les gendarmes de la garde, où il fut inscrit sous le nom de Jacques Robert de Chateauneuf du Molard. Mais le parquet de Tournon serait mal fondé à en conclure que le nom de Saint-Priest ne lui appartenait pas à cette époque, car l'oubli de ce nom n'est pas la seule inexactitude que contienne cette inscription, puisqu'il y est dit que notre père était *natif de Saint-Sorlin, en Bugey,* pays que n'a jamais connu aucun membre de notre famille. Cette erreur matérielle est plus inexplicable que l'omission du nom de Saint-Priest, car elle est plus grave. Mais ces deux erreurs ont été réparées sur les registres matricules de l'armée, où notre père a figuré ensuite pendant quinze ans, c'est-à-dire, depuis le 6 avril 1776 jusqu'au 19 juin 1791, sous le nom de Jacques Robert du Molard de Chateauneuf de Saint-Priest, *né le 24 novembre 1754, à Vion, en Vivarais.*

Ses états de service, dont le certificat nous a été délivré au Ministère de la guerre, le 31 juillet 1862, établissent qu'il est entré, comme cadet-gentilhomme, avec le nom de Saint-Priest, au régiment du Vexin, le 6 avril 1776 ; qu'il a été, sous ce nom, promu sous-lieutenant à la suite, *pour récompense de services de guerre,* le 21 septembre 1778 ; qu'il a été, sous ce nom, promu sous-lieutenant en pied, le 8 mai 1779 ; qu'il a obtenu, sous ce nom, le 27 février 1785, *la réversion d'une pension de 150 livres* dont son grand-père (Charles de Saint-Priest) jouissait depuis 59 ans ; qu'enfin, sous ce même nom, il a été promu lieutenant, le 27 avril 1785.

Voilà donc cinq brevets qui lui ont été successivement délivrés dans l'espace de 15 ans, au régiment de Vexin, l'un portant pension, quatre conférant des grades, tous avec le nom de Saint-Priest. Il reçut de plus, en 1778, et sous ce nom, un brevet de dispense pour obtenir, avant l'âge, la croix de Saint-Louis, en récompense d'une action d'éclat.

Les journaux de 1778, en racontant cette action héroïque par laquelle il venait d'illustrer à la fois et sa jeunesse et le vieux nom de ses aïeux maternels, l'appellent *l'intrépide de Saint-Priest.* Il était monté avec une poignée d'hommes à l'abordage d'un navire anglais, bien équipé et bien armé, et l'avait ramené à Dunkerque. Toute la France retentit de ce fait d'armes. M. de Montbarey, alors ministre de la guerre, écrivit, à ce sujet, à notre famille, au nom du Roi, une lettre pleine de félicitations et de promesses ; ce document est rappelé dans une supplique adressée par notre bisaïeul, en 1784, au successeur du prince de Montbarey.

Il nous est resté l'original de cette supplique, écrite et signée de la main ferme encore du vieillard, et que quelques ratures l'obligèrent à recopier. Arrivé à l'âge de 89 ans, Charles de Saint-Priest demande à transmettre sa pension à son petit-fils, notre père, comme il lui avait déjà transmis son nom, et voici comment il s'exprime :

« *A Monseigneur le Maréchal de Ségur, ministre de la guerre.*

« MONSEIGNEUR,

« Charles de Saint-Priest du Buisson de la Gardelle, des anciens marquis de Saint-Chamont,

« demeurant à Tournon, en Vivarais, âgé de 89 ans, a l'honneur de vous représenter qu'*occupé*
« *des besoins de* JACQUES DE SAINT-PRIEST DE CHATEAUNEUF, son petit-fils, sous-lieutenant au
« régiment de Vexin, infanterie, *qui a déjà donné à Calais des marques de* volonté, qui *lui ont*
« *mérité* LES GRACES DU ROI, *comme le prouve la lettre de M. le prince de Montbarey, du*
« *6 janvier 1779, dont ci-joint copie,* et qui ont annoncé son zèle naissant et valeureux pour
« le service de Sa Majesté, il se voit avec regret à la veille de laisser en mourant ce jeune gen-
« tilhomme hors d'état de se soutenir au service où il n'a eu jusqu'à présent pour secours
« qu'une pension de 150 livres, *dont le suppliant jouit depuis Louis XIV* (1), en qualité de lieu-
« tenant réformé du régiment d'Orléans, infanterie, laquelle pension il a toujours cédée à son
« petit-fils, pour raison de la modicité de la fortune du chevalier de Chateauneuf, père de ce
« jeune homme, et ancien capitaine au régiment de Bourbon, infanterie, qui lui permet à peine
« de nourrir trois autres enfants dont il est chargé. Considérations auxquelles le suppliant
« espère, Monseigneur, que vous voudrez avoir égard, et accorder au dit DE SAINT-PRIEST DE
« CHATEAUNEUF, son petit-fils, une pension qui puisse le mettre en état de se soutenir au ser-
« vice, sa famille étant par elle-même trop pauvre pour lui aider. Le suppliant renoncera sans
« peine dès à présent à celle de 150 livres qu'il a de réforme, s'il vous plaît, monseigneur, la
« donner à son petit-fils.

« Cette famille ne s'est pour ainsi dire soutenue au service que par de pareilles grâces.
« Saint-Ange Robert de Chateauneuf, son bisaïeul, qui s'était distingué, obtint de Louis XIV une
« pension de 400 livres en 1699, augmentée de 200 livres par brevet du 4 août 1709; une autre
« pension de 500 livres en augmentation sous Louis XV, par brevet du 26 décembre 1719, et une
« autre de 600 livres par brevet du 30 avril 1723.

« André-Robert de Chateauneuf, son grand-oncle, réformé lieutenant-colonel, et ensuite com-
« mandant de la ville d'Annonay, fut aussi pensionné du Roi.

« Et Saint-Ange, son oncle, chevalier de Saint-Louis, ancien capitaine au régiment de Bour-
« bon, l'est également.

« La pauvreté de cette famille, recommandable par son ancienneté, et ses anciens services,
« sont de puissants motifs pour exciter vos bontés, Monseigneur, en faveur d'un jeune homme
« plein de bonne volonté et destiné à consacrer ses jours au service de Sa Majesté, sur les
« traces de ses ancêtres. Vous ferez une excellente œuvre et comblerez de satisfaction un
« vieillard prêt à descendre au tombeau.

« SAINT-PRIEST DE LA GARDELLE.

« Tournon, le 15 février 1784. »

Nous n'avons pas voulu retrancher un mot d'une lettre si touchante
et en même temps si concluante. Cette pièce prouve manifestement la
volonté ancienne et persévérante de notre bisaïeul, de léguer son nom à
notre père; elle prouve, en outre, ce qui est déjà surabondamment établi,
que cette substitution de nom, de quelque manière qu'elle se fût opérée,
était alors complétement régularisée et chose acquise, puisque notre
bisaïeul, voulant obtenir du ministre de la guerre la reversibilité de sa
pension sur son petit-fils, officier en activité, ne devait, pour réussir,
donner à ce jeune homme qu'un nom vérifié, parfaitement connu du

---

(1) A l'époque où elle fut obtenue, il y a un siècle et demi, cette pension représentait plus de 1,000 fr., en calculant d'après la valeur actuelle de l'argent.

ministère, et inscrit sur les contrôles de l'armée; or, quel nom lui donne-t-il? Celui de SAINT-PRIEST CHATEAUNEUF.

Cela est remarquable, et ce qui ne l'est pas moins, c'est que l'Etat fit, comme on l'a vu, droit à la requête de notre bisaïeul, et que cette pension de 150 livres, réduite plus tard au tiers consolidé, a été servie à notre père jusqu'à sa mort, arrivée en 1820. L'aïeul et le petit-fils en ont joui pendant quatre-vingt-quinze ans.

L'Etat n'a donc, à aucune époque, contesté à ce vieillard, rejeton d'une grande race, le droit de faire revivre son nom dans la personne de son petit-fils.

En 1788, notre père se maria, à Lyon, sous le nom de Jacques-Robert de Chateauneuf de Saint-Priest. Le contrat, ainsi rédigé par-devant notaire, mentionne expressément la volonté des époux et des ascendants de perpétuer le nom de Saint-Priest.

La Révolution approche. Le roi Louis XVI convoque, en 1789, l'assemblée des bailliages, pour nommer des députés aux états généraux. Les Ordres se réunissent et choisissent des commissions pour vérifier les droits des électeurs. On sait avec quelle rigueur, surtout à ce moment de notre histoire, les titres de noblesse et les noms mêmes qui en sont le signe, étaient examinés. Que l'on consulte les procès-verbaux du bailliage du Vivarais, on y verra figurer notre père avec le nom de Saint-Priest. (Voir aux Archives impériales, B. III, 9. p. 15-44, *le procès-verbal de l'Assemblée* des trois états du pays de Haut-Vivarais, sénéchaussée d'Annonay, 20 mars 1789). La noblesse du Vivarais a donc ratifié, elle aussi, la substitution de nom faite par notre bisaïeul, et l'a reconnue bonne et valable.

Mais le parquet de Tournon aura pu découvrir aux archives de la guerre, que notre père, en quittant le régiment du Vexin, était entré comme lieutenant, le 9 juin 1791, dans la gendarmerie nationale, compagnie de l'Ardèche, et que là, il fut inscrit sous le nom de Dumolard de Chateauneuf. S'il croyait pouvoir en conclure que le nom de Saint-Priest était usurpé, c'est qu'il aurait oublié le décret du 19 juin 1790, portant abolition des titres de noblesse, et déclarant, en outre, « *qu'aucun citoyen français ne pourra prendre que le vrai nom de sa famille.* » Le nom de Saint-Priest n'étant qu'un nom substitué, devait tomber devant le décret de l'Assemblée nationale. On en vit tomber bien d'autres, non plus légitimement, mais plus anciennement possédés. L'objection qu'on voudrait tirer des rôles de la gendarmerie de 91 serait donc sans valeur.

VI

Esprit de la législation nouvelle sur les noms et titres de noblesse.

Nous pourrions nous en tenir là et nous en référer à une circulaire de M. le Ministre de la justice, tendant à éclairer et à régler l'action du ministère public dans l'application de la loi du 18 mai 1858.

Le ministre reconnaissait, dans cette circulaire, la légitimité des noms, et celle des particules ou des titres nobiliaires, possédés par les familles, avant 89. Au nombre des preuves nécessaires pour justifier de cette possession, il ne demandait pas des actes de naissance, puisque des noms et titres auraient pu être concédés après la naissance; il demandait des actes authentiques émanés du *Gouvernement ou de ses officiers.* Il admettait en preuve les contrats de mariage, les brevets de l'armée, mais surtout comme preuve excellente et dispensant de toute autre, les procès-verbaux des bailliages, supposant avec raison qu'un usurpateur de nom ou de titre n'eût pas été admis, en 1789, sous ce nom ou ce titre usurpé, dans l'assemblée des nobles de sa province. De tous les moyens de vérification, c'était là, en effet, peut-être le plus sûr.

Cette circulaire ministérielle est d'ailleurs en conformité évidente avec les actes qui ont préparé la loi de 1858 et avec l'esprit qui l'a dictée. En 1855, à propos d'une pétition au Sénat, relative au rétablissement des titres nobiliaires, M. le premier président Delangle, rapporteur de la Commission et aujourd'hui ministre de la justice, s'exprimait ainsi :

« Si les titres sont PERDUS, ce que peuvent expliquer tant de causes IGNORÉES OU CONNUES, « *la possession appuyée sur les actes de famille y suppléera. C'était la règle adoptée sous l'ancien* « *régime ; on la suivra sous le nouveau.* Il est naturel, *il est juste qu'en autorisant la noblesse à* « *reprendre ses titres, on lui rende la prérogative que lui conférait la loi du temps, de prouver* « *par la possession la légitimité de ses prétentions.* »

M. le garde des sceaux de Royer, demandant à l'Empereur, le 2 octobre 1858, la réorganisation du Conseil du sceau, exprimait la même pensée :

« Le projet de décret, disait-il, a dû autoriser, dès à présent, *pour les titres antérieurs à* « *1789, un mode de preuves de nature à suppléer les actes constitutifs ou recognitifs, dont la re-* « *présentation est* SOUVENT IMPOSSIBLE »

Enfin, la jurisprudence des Cours et Tribunaux de l'Empire est d'accord avec les instructions ministérielles et autres documents que nous venons de citer. Elle en a même prévenu la sagesse : ainsi on a vu, en

1857, M. le duc de Clermont-Tonnerre et toute sa branche, disputer, à grand renfort de pièces, à une branche collatérale et à une branche adoptive de la même famille, le droit d'ajouter au nom de Clermont qu'ils leur reconnaissaient, celui de Tonnerre qu'ils revendiquaient pour eux seuls. La Cour impériale de Paris fit justice de cette prétention, en se fondant sur la notoriété déjà séculaire, c'est-à-dire sur la seule possession *consacrée par le temps, et légitimée*, dit l'arrêt, *par l'adhésion expresse de ceux dont elle aurait violé le droit.*

C'est dans cet esprit de sagesse, de ménagement pour les familles, de respect pour les anciens usages et pour les faits consacrés par leur seule durée, qu'a été conçue la loi de 1858. Cette loi a été faite contre les usurpations récentes, toujours faciles à constater, et non contre de prétendues usurpations qui, à raison de leur ancienneté, ne sauraient être établies avec la même certitude. Elle a été faite pour protéger tout état de possession, quelle qu'en soit l'origine, remontant à 89 ou au delà.

VII.

Application à notre cause des principes précédents.

Le parquet de Tournon ne pourrait invoquer, à l'appui de sa requête, que trois actes ; savoir : 1° l'acte de baptême de notre père, acte *antérieur à la substitution ;* 2° l'immatriculation de notre père dans les gendarmes de la garde, acte informe où nous relevons *deux inexactitudes :* une omission de nom et une erreur matérielle incontestable, quant au lieu de naissance, ce qui rend plus que suspectes les conséquences qu'on tenterait de tirer de cette pièce ; 3° l'extrait des registres de la gendarmerie de 1791, *date* qui suffit à expliquer l'absence du nom de Saint-Priest.

A ces trois actes, dont le Tribunal appréciera la valeur, nous opposons :

1° Les cinq brevets de 1776 à 1785, donnant à notre père le nom de Saint-Priest, comme en fait foi le certificat du ministère de la guerre ; c'est-à-dire un brevet de cadet gentilhomme au régiment du Vexin ; un brevet de sous-lieutenant à la suite, donné pour *récompense de services de guerre ;* un brevet de pension militaire ; un brevet de sous-lieutenant en pied ; un brevet de lieutenant ;

2° Un brevet de dispense d'âge pour la croix de Saint-Louis, en date de 1778 ;

3° La lettre de notre bisaïeul, Charles de Saint-Priest, au maréchal de Ségur ;

4° L'extrait d'un journal de l'année 1778 ;

5° Le contrat de mariage de notre père ;

6° L'extrait des procès-verbaux de l'assemblée du bailliage du Vivarais, en 1789.

Cela fait en tout, pour les temps antérieurs à la révolution, dix pièces concluantes contre trois qui ne le sont pas.

Nous disons que ces dix pièces sont concluantes, car elles répondent au vœu du législateur de 1858. Le législateur de 1858, interprété par M. le Ministre de la justice, demande pour preuve unique les procès-verbaux des assemblées de la noblesse en 1789 ; nous les produisons. A défaut de ce moyen de constatation, il demande pour preuve unique *des actes de famille* établissant *la possession*, car, dit M. Delangle, *c'était la règle adoptée sous l'ancien régime, et on la suivra sous le nouveau*. Nous produisons ces actes de famille. A défaut de ce second moyen de constatation, il est encore, disait M. de Royer, *un mode de preuves de nature à suppléer les actes constitutifs ou recognitifs, dont la representation est souvent impossible*. Nous produisons six brevets du Roi qui sont des *actes recognitifs*. Nous produisons, en outre, l'extrait d'un journal de 1778, établissant la notoriété. Enfin, nous produisons la preuve de l'*adhésion expresse de ceux dont* cette possession *aurait violé le droit*, selon les termes de l'arrêt souverain, cité plus haut.

De ces divers ordres de preuves, un seul pourrait nous suffire. Mais nous sommes assez heureux pour les réunir tous. Oui, toutes les preuves quelconques aujourd'hui exigées par la politique, la loi et la jurisprudence, c'est-à-dire par la raison, pour établir la propriété d'un nom de famille, nous les produisons à l'appui du nom que l'on veut nous disputer.

Où voit-on en tout cela l'usurpation ? Qui a-t-on dépouillé ? Où est le dol ? Où est la fraude ? Quel en eût été le profit ? Dans quel but, quand on porte un nom respecté, s'en attribuer un autre qui n'est pas supérieur ? Ou plutôt, pourquoi venir, sans motif, et après tant d'années, parler d'usurpation et de fraude sur la tombe d'un gentilhomme qui ne fut, dans sa vaillante jeunesse, qu'un loyal soldat, et, comme on le verra, dans sa vieillesse vénérée, qu'un honnête et paisible magistrat municipal ?

VII.

Temps postérieurs à 89.

Nous avons produit nos titres pour les temps antérieurs à 89. Mais il ne nous suffit pas de prouver que la possession était alors ancienne, publique, loyale et paisible, nous voulons prouver aussi qu'elle n'a pas été interrompue par la Révolution, malgré les décrets de 1790 et de 1791.

En novembre 1792, notre sœur aînée fut inscrite sur les registres de la paroisse sous le nom de Charlotte-Victoire de Chateauneuf de Saint-Priest. C'était un nom si notoire, et tellement identifié à notre famille, que son omission eût ressemblé à une tentative de suppression d'état.

Voilà pourquoi, en 1795 et en 1799, comme en 1792, nous avons été inscrits avec la même dénomination sur le registre des naissances. L'officier public, sous le Directoire, n'a pas contesté le nom de Saint-Priest; il l'eût plutôt inscrit d'office; mais il a supprimé les particules interdites par une loi qui ne devait pas survivre aux circonstances.

Vient l'Empire. La pension obtenue de Louis XVI est reconnue à notre père par l'Empereur, et servie pendant onze ans à Jacques de Chateauneuf de Saint-Priest, comme en fait foi le certificat du Trésor impérial, en date du 1er août 1811. Ce n'est pas tout; notre père, après la révolution, a de nouveaux enfants qu'il fait inscrire sous ce nom. Il est chargé, sous ce nom, en 1813, des fonctions de maire de sa commune.

Vient la Restauration. Jacques de Chateauneuf de Saint-Priest reçoit la croix de Saint-Louis promise par Louis XVI. Il meurt en 1820, et est enterré sous les mêmes noms qu'il avait honorablement portés pendant 66 ans.

Aux *dix* actes antérieurs à 89, nous pouvons donc ajouter, pour les temps postérieurs :

1° Sept actes de naissance, dont quatre sont antérieurs au siècle présent ;

2° Le brevet de 1811, consolidant la pension militaire transmise à notre père par son aïeul, en 1785 ;

3° La nomination de notre père comme maire de la commune de Sarras (Ardèche), en 1813 ;

4° Le brevet de la croix de Saint-Louis, en date du 10 juillet 1816 ;

5° L'acte de décès de notre père du 6 novembre 1820.

6° Enfin, le brevet d'officier de l'un de nous qui a fait les dernières campagnes de l'Empire, après avoir été reçu, à seize ans, à l'école militaire de Saint-Cyr.

Nous bornons là cette énumération qu'il serait facile d'étendre, et qui porte à *vingt-deux* le nombre des actes constatant, d'une part, la possession ancienne, et, d'autre part, la non-interruption de cette possession et sa continuité paisible sous tous les régimes.

VIII.

Dernières réflexions.

Les noms de famille ont un double caractère : on peut les considérer tantôt comme un héritage ou propriété patrimoniale, tantôt comme un signe distinctif que la loi elle-même attache à chaque individu, au jour de sa naissance, tant pour le propre intérêt de cet individu, que dans l'intérêt public. Il n'y a pas d'autre manière d'envisager la question.

§ Ier.

Si l'on considère les noms de famille comme une propriété transmissible et héréditaire, nous établissons, *en fait*, que celui de Saint-Priest a été transmis à notre père par un de ses ascendants à qui il appartenait sans conteste, et qui, à ce titre, pouvait en disposer en faveur de son petit-fils ; nous établissons, en outre, que cette transmission n'a soulevé, ni à l'origine, ni dans la suite des temps, aucune réclamation de la part des ayants droit au nom de Saint-Priest ; que ceux-ci l'ont, au contraire, non pas tacitement, mais expressément reconnue ; que, par conséquent, aucun droit n'ayant été lésé par cette prise de possession de nom, l'Etat n'a point à intervenir dans une question d'héritage, antérieure à 89, alors que tous les véritables héritiers sont d'accord.

Subsidiairement, et pour surabondance de droit, en supposant, contre toute apparence, quelque irrégularité fondamentale à l'origine de cette transmission, où la bonne foi des parties est, d'ailleurs, si évidente, nous invoquons, suivant la loi et la jurisprudence des Cours en ces matières : 1° la notoriété ancienne, constatée par des actes de famille et par des actes nombreux de l'autorité royale et des officiers publics ; 2° par conséquent, la prescription, puisque les divers actes rappelés ci-dessus, au nombre de dix, sont antérieurs à 1789.

En dernière analyse, et au point de vue exclusif de la propriété des noms, nous justifions de notre possession et en demandons le maintien, à tous les titres suivants :

C'est une possession de droit naturel et par voie de filiation ;

C'est une possession de droit féodal et consacrée par le droit civil ;

C'est une possession de fait ;

C'est une possession de bonne foi ;

C'est une possession paisible ;

C'est une possession publique, constatée par des actes authentiques ;

C'est une possession centenaire ;

C'est une possession continue et sans interruption ;

C'est une possession inscrite ;

C'est une possession non nuisible à autrui ;

C'est une possession reconnue par l'État et par les tiers intéressés ;

C'est une possession à cause légitime ;

Enfin, même à défaut d'autres titres valables, ce serait une possession prescrite par le temps.

§ II.

On peut, en second lieu, avons-nous-dit, considérer les noms de famille comme un signe distinctif, attaché par la loi à chaque individu, au jour de sa naissance, pour constater à l'occasion l'identité de cet individu, soit dans son propre intérêt, soit dans l'intérêt des tiers, soit enfin dans l'intérêt même de l'Etat. C'est uniquement dans ce but que la loi oblige le père à donner son nom à ses fils, devant l'officier de l'état civil, et qu'elle défend aux fils de changer ou d'altérer le nom paternel, sous lequel on les a inscrits aux rôles de la commune. La loi française reconnaît et veut qu'on reconnaisse les gens à ce signe.

En effet, des droits et des devoirs de famille sont attachés au nom qu'elle a ainsi consacré ; droits d'héritage ; droits et devoirs de tutelle ; autorité paternelle ; obéissance filiale, etc. En outre, des droits et des devoirs civils et politiques sont également attachés à ce nom. Dans les contrats avec les tiers, défense d'en prendre un autre que celui que la loi vous reconnaît et vous impose. Défense d'intenter, aucune action contre les tiers, en s'attribuant un autre nom que celui qui est porté sur l'acte de naissance, à peine de nullité des procédures, et sous toute autre peine que de droit. Quand la justice requiert un témoignage, quand l'État requiert un service, défense de s'y soustraire en changeant de nom.

Le nom s'incorpore à la personne et ne fait qu'un avec elle. L'intérêt public le veut ainsi. La grande question pour l'État et pour les particuliers, ce n'est pas de savoir comment s'appelaient vos ancêtres, c'est tout au plus de savoir comment s'appelait votre prédécesseur, et c'est avant tout, de savoir si vous portez le nom qui vous est assigné par votre acte d'état civil et sous lequel on vous connaît depuis votre naissance. Voilà l'intérêt d'ordre public.

Dans le fait, si je porte le même nom que mon père, mon frère et mes sœurs, me voilà en règle relativement aux droits et devoirs de famille.

En second lieu, si ce nom, conforme à mon acte de naissance, est celui sous lequel j'ai toujours été connu, me voilà pareillement en règle vis-à-vis des tiers et vis-à-vis de l'État.

Venez me prouver maintenant que mon arrière-grand-père ne s'appelait pas exactement comme mon père et moi ; que mon père a ajouté à son nom celui de sa mère ; c'est là une question d'histoire et de généalogie d'un minime intérêt pour ma famille qui le sait, et de nul intérêt pour le public et pour l'État qui ont affaire à moi et non à mes aïeux.

Si, pour le seul honneur d'une généalogie, l'État s'avisait de contester notre état civil, de le faire rectifier en nous ôtant un nom que nous portons depuis plus de soixante ans, et que notre père, avant nous, avait, lui aussi, paisiblement porté pendant plus de soixante ans, l'État ne rendrait par là service à personne, et nuirait au contraire à une multitude de familles, dans un intérêt de pure curiosité archéologique. Il ébranlerait la confiance due à une possession centenaire, aux actes de l'état civil, et à une infinité de contrats faits sur la foi de ces titres : mariages, testaments, donations, ventes, acquisitions, rentes constituées, etc., etc.

L'État ne peut donc, sur un tel fondement, intenter des poursuites qui auraient pour effet de détruire l'identité des noms et des personnes ; car ce serait méconnaître l'esprit des lois qu'il a faites, et qui n'ont d'autre but et d'autre utilité sérieuse que d'établir cette identité. Il ne peut, sans manquer à sa mission, nous obliger à faire ce que nous n'aurions pas, de notre chef, le droit de faire ; c'est-à-dire nous contraindre à déguiser notre personne et notre vie sous un nom nouveau pour le public. Il n'est pas raisonnable que l'État ordonne à un citoyen de quitter le nom qu'il a trouvé dans son berceau, et légalement porté pendant une longue existence, un nom qu'il a pu honorer, qu'il a pu aussi déshonorer, ce qui ne serait pas moins grave, pour prendre un autre nom à l'ombre duquel disparaîtrait en un jour tout son passé.

Il n'est pas sans exemple que le ministère public ait contraint un honnête homme à garder, malgré lui, un nom diffamé par le père ; mais il est inouï qu'il ait, par une politique contraire, tenté d'enlever à d'honnêtes gens un nom que leur père avait illustré, il y a 86 ans, par une action d'éclat, pour laquelle il avait reçu de l'État, sous ce même nom,

une pension et des grades à titre de récompense. Une semblable prétention ne soutient pas l'examen.

Qu'on nous montre le danger qu'il y aurait à respecter notre état civil,
un intérêt en souffrance, lésé, compromis, une famille, un individu
qui se plaigne, nous discuterons cela; mais, dans le silence des tiers,
que l'État intervienne pour changer notre nom, c'est lui qui troublera et
compromettra les intérêts vivants qu'il doit protéger.

Donc, à quelque point de vue qu'on examine la question, que l'on
considère les noms de famille comme une propriété héréditaire et transmissible, selon le droit ancien, ou qu'on les considère comme un signe
distinctif, servant à constater l'identité des personnes, selon le droit nouveau, le procès qu'on veut nous faire est sans cause et la partie publique
sans intérêt. L'ordre public, au contraire, l'intérêt des tiers, l'esprit de la
loi, la sûreté des transactions, l'honneur des familles historiques, si hum-
bles qu'elles soient, tout condamne les prétentions manifestées par le
parquet de Tournon.

CONCLUSION.

Résumons-nous et concluons :

Que faut-il à vos yeux pour légitimer la possession d'un nom de famille ?
A toutes vos questions, nous avons une réponse. Nous pouvons satisfaire
à toutes vos exigences.

Demandez-vous qui a transmis le nom de Saint-Priest à notre père ?

Nous vous répondons : c'est son aïeul, Charles de Saint-Priest, et nous
en apportons la preuve. C'est encore sa mère, Catherine de Saint-Priest.

Demandez-vous si Charles et Catherine de Saint-Priest avaient le
droit d'imposer ce nom à leur fils ?

Nous vous répondons que cela était conforme au droit féodal comme
aux coutumes nobiliaires, et toute l'histoire en dépose.

Demandez-vous si cette substitution de nom n'était pas destinée à
couvrir une usurpation, celle des droits et prérogatives nobiliaires ?

Nous vous répondons que notre père était par ses aïeux paternels très-
bon gentilhomme; que cette substitution du nom de ses aïeux maternels

ne lui conférait aucun droit qu'il ne tînt déjà de son père, et nous en apportons la preuve.

Demandez-vous des actes notariés, constatant que notre père prenait ce nom, avant la Révolution, dans des contrats authentiques ?

Nous vous présentons son contrat de mariage.

Demandez-vous si ses parents de la ligne maternelle, ayant droit au nom de Saint-Priest, ont adhéré à cette substitution et à la prise de possession qui l'a suivie ?

Nous répondons : oui, et nous en apportons la preuve.

Demandez-vous si l'État a reconnu cette substitution de nom et l'a confirmée par des actes émanant de son autorité ?

Nons répondons : oui, l'État l'a reconnue et validée, et nous le prouvons par une série de brevets du ministère de la guerre, conférant à notre père des grades et une pension, et remontant à l'an 1776, c'est-à-dire à près de cent ans.

Demandez-vous si, d'ailleurs, cette possession de nom était alors publique et notoire pour tous ?

Nous répondons : oui, et nous le prouvons par l'extrait d'un journal de 1778.

Demandez-vous si notre père a su s'approprier ce nom par une action d'éclat, au souvenir de laquelle il reste attaché, ce qui, en ce cas, justifie même les usurpations ?

Nous répondons : oui, et nous le prouvons par les certificats du ministère de la guerre.

Demandez-vous si notre père a comparu aux assemblées de la noblesse de sa province, et, par conséquent, si la noblesse elle-même, et les syndics qu'elle avait choisis pour vérifier les noms et titres de ses membres, et le Sénéchal qui la présidait, l'ont reconnu et admis sous le nom de Saint-Priest ?

Nous répondons : oui, et nous en montrons la preuve dans les procès-verbaux de l'assemblée de la noblesse, en 1789.

Demandez-vous si les gouvernements qui ont succédé à celui de Louis XVI ont aussi reconnu à notre père le droit de porter ce nom ?

Nous répondons : oui ; le Directoire et le Consulat l'ont tacitement reconnu ; l'Empire et la Restauration l'ont formellement reconnu.

Est-il en France beaucoup de familles qui soient en état de justifier du nom qu'elles portent par une telle accumulation de preuves de tout genre, aussi authentiques, aussi anciennes, aussi vénérables ?

Et c'est à nous qui avons blanchi sous ce nom, c'est à nous que le parquet viendra dire : « quittez-le, il ne vous appartient pas ; les officiers de l'état civil, les notaires, les journaux, les magistrats et la noblesse du Vivarais, votre bisaïeul et vos proches, le roi Louis XVI et ses ministres, les ministres de l'empereur Napoléon Ier et les ministres de la Restauration, tout le monde s'est trompé. Erreur innocente, erreur séculaire, erreur autorisée par la coutume féodale et couverte par le temps, mais que nous voulons rectifier ! »

Ainsi donc, droit féodal, coutume, consentement des ayants droit, consentement public, actes notariés, services militaires et civils, pensions, croix, grades, brevets de l'armée, journaux, actes de l'état civil, procès-verbaux de la noblesse, tout cela ne prouve rien aux yeux du parquet ! et il ne voit pas qu'avant d'effacer de notre acte de naissance ce nom sous lequel nous avons vieilli, il faudrait aller l'effacer sur la tombe de notre père, et sur ses états de service, et dans l'histoire de la province du Vivarais, et sur les actes innombrables où il figure. Il faudrait l'effacer aussi de la mémoire des hommes qui, malgré toute défense, continueront à nous nommer comme leurs pères nommaient le nôtre.

Nous enlever ce nom ! Est-ce possible ? est-ce raisonnable ? est-ce juste ? Nous nous sommes, frères et sœurs, mariés sous ce nom ; c'est sous ce nom qu'un de nous a porté les armes sous le premier empire ; c'est sous ce nom que l'autre a publié, avec MM. de Chateaubriand et de Humboldt, un des plus célèbres ouvrages qui aient paru sur l'Amérique, les *Antiquités mexicaines* ; qu'il a fondé et dirigé, avec la collaboration des savants les plus illustres, l'*Encyclopédie du dix-neuvième siècle*, en cinquante-cinq volumes, œuvre de bénédictin qui lui a coûté vingt ans de travaux et de sacrifices, et qui a répandu dans les Deux-Mondes ce nom qu'on a la singulière idée de nous contester aujourd'hui.

Ce nom ! il est lié depuis cent ans et identifié à notre famille ; il a passé dans tous nos contrats, dans tous les actes de notre vie civile, politique, militaire, commerciale ; les révolutions l'ont respecté, le temps l'a consacré. Quel tribunal pourrait se résoudre à nous le ravir ?

Nous ordonner de le quitter, n'est-ce pas déja une injure que vous nous infligez ? Vous nous traitez comme si nous étions des usurpateurs, et notre père n'en était pas un, cela est prouvé ; et quant à nous, personnellement, il est encore bien plus évident, aux yeux de tous, que nous ne sommes point usurpateurs. Cependant, malgré vous, le jugement nous frapperait comme si nous l'étions, comme si nous avions trompé l'État et la société elle-même ; comme si nous avions commis, en nous mariant, une sorte de faux, et répété ce faux dans tous les actes de notre vie. Cela est grave, car par rapport à nous qui n'avons évidemment voulu tromper personne, qui n'avons, au contraire, fait qu'obéir à la loi, ce serait une peine injuste; par rapport à notre père, héritier de son aïeul et fidèle exécuteur de ses volontés bien constatées, la peine ne serait pas moins injuste.

Quel procès étrange! On voit des prévenus et l'on cherche en vain un coupable; on demande une peine, et l'on ne prouve point de délit. La seule ombre de grief qu'on puisse formuler, ce serait, tout au plus, une négligence que l'on ne prouve pas, mais qu'on suppose, et contre laquelle tout proteste, négligence imputable à notre bisaïeul qui n'aurait pas fait tout ce qu'il fallait pour assurer à son petit-fils l'incommutable possession du nom qu'il voulait lui transmettre. C'est cette négligence supposée qui remonte à un temps immémorial, et qui, à son origine, n'aurait constitué qu'une contravention de pure forme, sans portée, sans valeur, sans danger, c'est là ce qu'on ose poursuivre! Voilà pourquoi on vient jeter le trouble dans les familles et le désordre dans une multitude d'intérêts!

Mais, si cela était permis, qui serait sûr parmi nos contemporains de conserver le nom qu'il porte? Combien en est-il qui, après tant de titres détruits pendant la révolution, puissent établir avec certitude leur filiation depuis plus d'un siècle? Qui ne serait troublé jusqu'au fond de l'âme si on lui demandait ses preuves?

Le ministère public aura fort à faire s'il veut vérifier la légitimité des noms de tous les justiciables de son ressort. Et il le doit, s'il ne s'arrête pas avec respect devant les preuves que nous lui apportons; car s'il ne faisait pas cette recherche, la poursuite qu'il exerce contre nous, et dont il se dispense envers les autres, ne serait-t-elle pas une véritable persécution?

Quand on est si rigoureux dans l'application d'un principe faux ou vrai, mais qu'on croit vrai, il ne faut pas faire d'exceptions. Nous demandons l'égalité devant la Justice. Si vous êtes décidé à remonter à l'origine des noms de famille jusqu'en 1754, c'est-à-dire au delà d'un siècle, où vous arrêterez-vous? Est-ce à cette limite? Pourquoi? C'est apparemment parce qu'il serait absurde de remonter encore plus haut! Mais prenez-garde qu'il ne soit pas plus raisonnable de vous arrêter là.

Il y a des familles qui ont fourni, depuis cent huit ans, quatre et cinq générations dont trois ou quatre encore vivantes. Si vous découvrez que l'auteur de ces cinq générations a changé de nom après sa naissance,

allez-vous ordonner à ses nombreux descendants de quitter le nom indû-
ment adopté il y a un siècle? Où cela vous mènera-t-il? Pensez-y.

Vous nous direz peut-être que la rectification, quant à nous, n'a pas la
même gravité, puisque nous sommes vieux et sans enfants. Mais alors que
devient votre principe? Si ce changement de nom a de l'importance, il en
a plus à l'égard d'une famille nombreuse et féconde qu'à l'égard de
deux hommes d'un autre siècle, qui emporteront demain dans la tombe
ce nom que vous voudriez leur ôter à l'extrémité de leur carrière. Vous
séviriez contre la prétendue irrégularité qui va finir, et d'un autre côté,
vous respecteriez celle qui va se perpétuer. Quelle inconséquence !

Mais, direz-vous encore, ces changements sont sans importance et pres-
que impossibles à vérifier, après un siècle, pour les noms des familles
pauvres et obscures, mais il n'en est pas de même pour les noms des familles plus connues. Ah! voilà un étrange privilége que vous faites à ces
familles connues, celui d'intenter contre elles, après un siècle, des poursuites douloureuses, blessantes, peut-être ruineuses, pour un fait que
vous jugez sans gravité, puisque vous dédaignez de le rechercher ailleurs.

Notre notoriété vient des services de nos pères depuis plusieurs
siècles, et dans les deux lignes. Si, au lieu de verser leur sang pour le
pays pendant tant de générations, ils avaient labouré leur champ, ou
vendu de la toile, nous ne serions pas aujourd'hui obligés de défendre le nom
de notre père; vous ne vous inquiéteriez pas de l'origine de ce nom; vous
vous en tiendriez à notre acte de naissance ou à la notoriété acquise à
notre père, prouvée par un seul acte ou par un seul témoin. Permettez-
nous donc de vous le dire : cette poursuite est contraire à la constitution
et au principe de l'égalité devant la loi.

On n'a pas aboli les priviléges d'honneur pour les remplacer, à l'égard
des anciennes familles nobles, par des priviléges de tracasserie et de persécution. Ce qui s'est passé, en fait de substitution de nom, dans une famille
noble sous l'ancien régime, n'est pas au-dessus de votre contrôle, mais
échappe à votre contrôle. Vous ne pouvez que reconnaître et ratifier ce
qu'à cette époque lointaine, le roi, ses ministres, les officiers publics, la
noblesse, les ayants droit, toutes les parties intéressées, ont reconnu et
ratifié, quand tous les actes l'établissent et que rien ne vous autorise à
supposer un moment le contraire. N'allez pas plus loin, ou vous feriez des
procès d'exception, par conséquent odieux, et vous vous engageriez dans
une voie inextricable.

Il y a une autre raison qui vous conseille de vous arrêter là. Nous datons tous de 89. La Révolution nous a donné à tous, même aux nobles, un second baptême. Elle a apporté dans les actes de l'état civil et la propriété des noms une régularité, une fixité, et des moyens de vérification qui n'existaient pas sous l'ancien régime. N'allez donc pas, sans nécessité, au delà de cette époque dans les recherches de cette nature, et ne remettez pas imprudemment en question les noms consacrés depuis 89 dans les registres régulièrement tenus de l'état civil; cela est d'ordre public.

Il n'y a que des intérêts privés, injustement lésés, qui pourraient, en certains cas, et par exception, déterminer les Tribunaux à oublier cette considération d'ordre. Mais quand les intérêts privés se taisent, quand ils réclament, au contraire, le respect des actes de l'état civil, l'action du ministère public ne serait pas recevable; elle se concevrait à peine; elle renverserait, on peut le dire, toutes les notions qu'on a coutume de se faire de la mission des parquets, de leurs droits et de leurs devoirs.

14424. — Paris. Imp. Renou et Maulde.

www.ingramcontent.com/pod-product-compliance
Lightning Source LLC
Chambersburg PA
CBHW051205050726
47594CB00007B/3068